ORAISON FUNÈBRE

DE

M. L'ABBÉ RENAUX,

CURÉ DE DAMELEVIÈRES,

PRONONCÉE

LE 30 MARS 1854,

A L'ÉGLISE DE DAMELEVIÈRES,

PAR M. L'ABBÉ CHARLES,

Curé de Blainville-sur-l'Eau.

NANCY,

VAGNER, IMPRIMEUR-LIBRAIRE-ÉDITEUR,

RUE DU MANÉGE, 3.

1854.

NANCY, IMPRIMERIE DE VAGNER,
Rue du Manége, 3.

ORAISON FUNÈBRE

DE

M. L'ABBÉ RENAUX [1].

Defunctus adhuc loquitur.

Mes Frères,

Chaque fois que je remonte dans cette chaire, il me semble entendre la voix de l'ange de cette église me dire la parole du Prophète qui savait égaler les lamentations aux douleurs : *Cecidit corona capitis nostri;* elle est tombée pour jamais la belle couronne qui ceignait notre front, et ce n'est pas vous qui la releverez.

Autrefois la première entre toutes ses sœurs par les vertus et les talents de son pasteur, cette église n'est plus qu'une reine tombée du trône; après avoir brillé comme l'or, elle est maintenant sans éclat, et celle qui s'habillait de pourpre et de fin lin n'a plus pour vêtement que les haillons de la pauvreté. Qu'ils sont amers les gémissements de

---

[1] M. Renaux (François-Victor) était né à Gerbéviller, le 16 avril 1820. Il est entré au séminaire de Nancy en 1839, a été ordonné prêtre le 23 mars 1844, nommé immédiatement économe du grand séminaire et l'année suivante vicaire à la paroisse Saint-Jacques de Lunéville. Enfin, le 1er juillet 1846, il prit possession de la cure de Damelevières, où il est mort le 22 février 1854.

ces brebis sans pasteur! Qu'ils sont déchirants les cris de ces petits enfants qui demandent chaque jour le pain de la parole et ne trouvent personne pour le leur rompre! Qu'elle est désolée cette épouse que la mort vient de condamner au plus triste veuvage!... Ses lugubres solennités sont si remplies de deuil, qu'il semble qu'on ne devrait y faire autre chose que s'asseoir, se taire, prier et pleurer. Cependant, pour l'honneur de notre cher défunt, pour la gloire de Dieu, suspendons un instant nos soupirs, arrêtons un moment le cours de nos larmes : l'heure de la séparation va sonner, plusieurs d'entre nous vont quitter, pour ne la revoir jamais, cette tombe vénérée qui renferme tout ce que la mort nous a laissé ici-bas de celui que nous pleurons. Avant de partir, recueillons-nous et écoutons, car il va nous parler encore une dernière fois, non plus par sa bouche, la mort l'a fermée; il va nous instruire, non plus par des paroles que le vent emporte et dissipe, mais par sa vie et par sa mort : par sa vie si courte et si belle; par sa mort tout à la fois si triste et si consolante. Ecoutez, pères et mères, écoutez, enfants, écoutez, fidèles, cette voix qui vous parle du fond de l'éternité. Nous surtout, mes vénérés Confrères, nous qui jugeons la terre, écoutons et instruisons-nous.

Dieu est grand dans ses œuvres et admirable dans ses Saints. Cette parole qui a plus de trois mille ans d'existence n'a fait, en traversant les siècles, que se confirmer toujours de plus en plus : la vie et la mort de votre bien-aimé pasteur, mes Frères, nous en offre une preuve nouvelle. Dieu, qui l'avait fait pour lui, n'a cessé de l'attirer à lui avec autant de douceur que de force. Il ne lui refusa aucune des bénédictions qui préparent une vie pleine de mérites et une mort remplie d'espérance : je veux dire une mère éminemment pieuse, et ce qui est plus précieux encore et surtout plus rare, un père franchement chrétien. Tous les deux reçurent cet enfant comme un ange descendu du Ciel et le regardèrent comme une des plus grandes bénédictions que Dieu pût leur accorder ; bien différents en cela de ces époux sans religion qui ne considèrent leurs enfants que comme un fléau et une malédiction de plus ; qui, s'ils ne traînent pas ces innocentes créatures aux gémonies, du moins ne les laissent vivre que pour les écraser d'imprécations et les préparer à la damnation éternelle. Vous dire quels sentiments animaient ces deux époux, plus unis encore par la grâce que par le sacrement, c'est vous dire ce qu'ils ont fait pour l'éducation de leur famille.

Immédiatement après sa première communion, le jeune Renaux passa des bras de sa mère chérie entre les mains d'un prêtre selon le cœur de Dieu. Je n'en dirai pas tout le bien que j'en pense et que tout le monde connaît, sa modestie ne me le pardonnerait pas.

S'il est vrai, comme l'a dit un grand homme, que les âmes s'entendent, qu'elles s'attirent et qu'elles s'appellent, je ne suis pas surpris de l'union intime qui a toujours existé entre ces deux âmes, si bien faites pour se connaître, se comprendre et s'aimer. Notre ami n'était encore qu'un enfant, que, ravi du bien qu'il voyait faire à son digne maître, il se dit : Et moi aussi je serai prêtre, et moi aussi je rendrai la vue aux aveugles, l'ouïe aux sourds, la santé aux malades, la vie aux morts ; et le voilà, athlète de dix ans, qui s'élance généreusement dans la carrière, se rit de toutes les privations, se condamne à tous les sacrifices. C'est que, mes Frères, si l'homme est naturellement chrétien, l'enfant chrétien est naturellement prêtre, c'est-à-dire, homme de dévouement et de sacrifice. Je remarque, dans sa vie d'étudiant, deux choses qui se rencontrent rarement, de brillants succès et une grande modestie, qui lui valurent l'estime de ses maîtres et la constante affection de ses condisciples, plus heureux mille fois d'applaudir à ses triomphes, que lui de recevoir la récompense de son application et de son travail.

Telle était la confiance qu'inspirait son mérite précoce qu'à peine promu au sacerdoce il fut associé à la direction du grand séminaire. Si honorable que fût pour lui ce poste important, ou plutôt parce qu'il était honorable et important, il ne l'accepta qu'avec regret et par obéissance. Il avait rêvé un autre avenir. A ce généreux soldat de Jésus-Christ, il fallait un plus vaste champ de bataille. Les missions étrangères lui souriaient par dessus tout. C'est que là, il y avait des périls, des combats, des sacrifices. Ce n'était pas quelques âmes, une paroisse, mais tout un monde qu'il voulait gagner à Jésus-Christ. La pensée qu'un jour il quitterait pour Dieu tout ce qu'il avait de plus cher ; qu'un jour, la croix à la main, seul avec son Dieu, sans autres trésors que la grâce de Notre-Seigneur, la bénédiction de son père et de sa mère, les regrets de ses amis, il s'en irait à travers les contrées et les mers les plus inconnues, rejoindre ces intrépides enfants de la France, qui, emportés par l'esprit apostolique, courent chaque jour planter jusqu'aux extrémités du monde l'étendard de la foi et de la civilisation, le transportait !..... Ah ! c'est qu'il avait en perspective le plus grand bonheur et la plus grande gloire qu'un prêtre puisse désirer en ce monde. — Quoi donc, mes Frères ? — Le martyre ! oui le martyre !..... Que peut en effet espérer et désirer de plus beau et de plus grand un prêtre, que l'honneur ineffable de rendre à Jésus-Christ amour pour amour, âme pour âme, vie pour vie, sang pour sang ?

Il rencontra à l'exécution de son généreux dessein un double obstacle : le cœur de sa mère, et la volonté de ses supérieurs ; le cœur de sa mère, qu'il espérait gagner sans le briser,—les prières d'un enfant sont si puissantes sur une bonne mère ; — la volonté de ses supérieurs, dont il ne put triompher, et à laquelle il fut toujours si soumis et si obéissant. Cette double opposition rendit impossible le sacrifice si longtemps désiré, si saintement préparé. Il s'en dédommagea en se livrant avec toute l'ardeur dont il était capable au ministère pastoral, sur un théâtre moins vaste, sans doute, mais non moins pénible. C'est ici, mes Frères, que nous apparaît dans tout son jour votre pasteur, notre ami ; nous allons le voir déployer les rares talents qu'il avait reçus de la Providence et livrer par l'exercice du zèle le plus ardent passage à cette multitude de nobles qualités que jusque-là il avait gardées comme en dépôt au fond de son âme et nous donner en sa personne un modèle de plus du bon prêtre.

Vous le dirai-je, mes Frères ? à ce mot de bon prêtre, je ne sais quel trouble mystérieux s'empare de mon âme, je ne puis m'empêcher de tressaillir d'allégresse et cependant je frémis de crainte. Ah ! c'est qu'il y a des choses si étranges dans le prêtre : d'abord une dignité incomparable, ensuite des obligations aussi nombreuses que redoutables, enfin, au fond de son cœur, toutes les faiblesses inséparables de notre pauvre humanité.

Eh bien, j'oserai le dire et vous le direz avec moi, mes Frères, le digne prêtre que nous regrettons a su s'affranchir de ces faiblesses, remplir ces obligations, et s'élever, autant qu'il peut être donné à la misère humaine, à la hauteur de sa sublime vocation.

La prière était devenue son occupation favorite et presque continuelle. Il ne lui suffisait plus de s'arracher, longtemps avant l'heure du sacrifice, aux douceurs d'un repos bien mérité pour se livrer à l'oraison, il y était si assidu que souvent il y consacrait une partie de la nuit. Que s'est-il passé, ô mon Dieu, dans ces entretiens mystérieux entre vous et votre fidèle serviteur ? Combien de larmes ont dû couler de ces yeux maintenant fermés pour jamais à la lumière du temps, mais ouverts pour toujours, nous en avons la douce confiance, aux célestes clartés de l'éternité ! Combien de soupirs échappés de son cœur contrit et humilié, sont montés comme un encens d'agréable odeur vers le trône de votre miséricorde !

La prière, disait-il souvent, ce n'est pas seulement l'arme, c'est encore l'âme du prêtre; sans elle il n'est rien, sans elle il ne peut rien, sans elle il ne fait rien; en chaire il est muet, ou sa voix n'est qu'une cymbale retentissante, un airain sonnant; à l'autel il est froid et sans amour; au tribunal de la pénitence, sans lumière ou sans charité.

C'est dans la prière qu'il s'embrasait d'amour pour le bon Maître et la bonne Mère, comme il disait, paroles simples et naïves, il est vrai, mais qui ne rendent que mieux les sentiments les plus intimes de son cœur. C'est de la prière qu'il tirait ces lumières qui le rendaient si habile dans la direction des consciences et faisaient rechercher de tous côtés ses conseils par les âmes les plus éminentes. C'est dans la prière qu'il puisait cette tendre piété, cette modestie édifiante avec laquelle il célébrait les saints mystères, ce profond recueillement qui faisait demander à l'étranger quel est donc ce prêtre qui dit si bien la Messe ? C'est un saint.

Laissons prier le saint de Dieu. Vous le verrez, mes Frères, il ne sortira pas de ce monde sans avoir reçu la récompense du verre d'eau qu'il donne à Jésus-Christ. Vous savez combien ont été pénibles les dernières heures de sa vie. Permettez-moi de garder sous le secret les pensées qu'a fait naître dans mon esprit l'étrange délire dans lequel il est tombé, je devrais dire le dernier combat qu'il a livré pour la gloire de Dieu et le salut de son âme. Notre siècle est encore un petit enfant dans les choses de Dieu, un jour ce petit enfant sera un homme et alors nous pourrons lui parler à notre aise des mystères de la vie surnaturelle dans les âmes.

Telle est la merveilleuse puissance de la prière qu'à peine eûmes-nous imploré et eut-il imploré avec nous Celle qu'on n'invoqua jamais en vain que soudain le délire cessa, le calme revint; de ce moment jusqu'à son agonie il ne fit plus que redire les uns après les autres les plus beaux chants de l'Eglise et ses prières les plus touchantes.

O noms sacrés de Jésus et de Marie, précieuse consolation du mourant, je veux qu'à mon heure dernière vous soyez toujours sur mes lèvres, toujours dans mon cœur.

Pour combattre ses ennemis et les nôtres, outre la prière. Notre-Seigneur Jésus-Christ nous a remis entre les mains une seconde arme non moins puissante que la première et dont il a fait lui-même usage pendant toute sa vie, les larmes de la pénitence et l'austérité de la mortification. La mortification ! vertu ignorée s'il en fut jamais, raillée, méprisée non seulement du monde qui ne travaille qu'à l'asservissement de l'esprit et à la glorification de la chair, mais encore de prétendus chrétiens qui ignorent que l'esprit du Christianisme est essentiellement un esprit de pénitence et de mortification. Il avait appris les secrets de cette grande vertu dans ces maisons religieuses qu'il a visitées et habitées tour à tour ; il les avait appris surtout auprès d'un saint ami que le Ciel, hélas ! a enlevé trop tôt à l'amour de sa paroisse, de sa famille et au nôtre. Quel trésor précieux qu'un saint ami ! ce trésor vous me l'aviez donné, ô mon Dieu ; mon cœur sent si bien le prix de cette grande grâce que maintenant que vous me l'avez ôté je ne puis que me taire et adorer. Cependant laissez-moi vous le dire, pourquoi donc êtes-vous si avare de vos saints ? Pourquoi lorsque vous nous en donnez quelques-uns ne faites-vous que nous les montrer pour ensuite les reprendre aussitôt, plutôt que de les laisser embaumer votre Eglise du parfum de leurs vertus ? Ah ! je le comprends, la chair est si faible, le cœur si inconstant, on a vu si souvent les cèdres du Liban se renverser, les colonnes de l'Eglise tomber, que vous craignez pour ces anges de la terre les scandales et la corruption du monde.

Grâce à la précipitation avec laquelle la mort l'a frappé, nous savons combien il a profité des leçons de ses maîtres dans la vie spirituelle. Je frémis, mes Frères : des disciplines ensanglantées, des instruments de pénitence de tous genres., nous ont appris ce que nous soupçonnions déjà des saintes rigueurs qu'il exerçait sur son corps.

Je me les explique maintenant, ces paroles qu'il avait si souvent à la bouche : Voyez, me disait-il, pour élever l'esprit, il faut nécessairement humilier la chair. On a beau dire, on ne peut devenir des saints qu'en faisant ce que faisaient les saints, et pour nous faire lever la tête et hâter le pas, la mortification sera toujours le plus puissant aiguillon.

Tel était depuis quelque temps le thème favori de ses conversations intimes. Il me paraissait véritablement brûler du désir de porter dans sa chair la mortification de Jésus-Christ et d'accomplir, dans son corps, ce qui manquait à la passion du Sauveur.

On s'étonne du bien qu'il a fait ; ce qui m'étonne, moi, c'est celui qu'il n'a pas fait, et c'est aussi ce qui doit non seulement vous étonner, mes Frères, mais vous effrayer. Il faut donc que vous soyez tombés bien bas dans l'abîme, puisque des efforts aussi héroïques n'ont pu encore vous sauver tous.

Voilà, jeunes gens, comme votre saint pasteur passait ces jours et ces nuits que vous donniez au désordre et aux plaisirs les plus criminels. Pendant que vous vous livriez avec tant d'abandon aux divertissements du monde, il prenait sur lui vos innombrables iniquités, et vengeait sur sa chair innocente les outrages que vous faisiez à la majesté de Dieu. Voilà, pères et mères, comme il expiait les péchés de vos enfants et les vôtres, voilà comme il suppléait à votre négligence criminelle.

Un prêtre qui vit de la sorte a bien le droit, ce me semble, de s'élever de toute son autorité, de tout son pouvoir contre le vice, de le charger de tous les anathèmes de l'Evangile et de le couvrir de tous les opprobres dont il est digne. On s'explique comment cette parole si douce, si onctueuse, si pénétrante de piété lorsqu'il nous entretenait de la sainte Vierge, sa chère petite mère, comme il l'appelait, ou de la sainte Eucharistie, à laquelle il avait entièrement voué son cœur sacerdotal, les deux plus grands objets du culte catholique, si justement nommés les dévotions du prêtre et des prédestinés ;... on s'explique, disais-je, comment cette parole, lorsqu'il s'agissait de flétrir le vice et de réprimer le désordre, devenait tout à coup terrible et foudroyante ; l'ange qui auparavant redisait les douces choses du Ciel était disparu, le juge des vivants et des morts avait repris sa place et citait à son redoutable tribunal les tribus éplorées, les peuples éperdus.

Toutefois, quelle que fût la véhémence de son zèle, il en tempérait la bouillante ardeur par tant de charité, on le sentait animé d'un amour si pur, si désintéressé de la vérité et du bien, que les pécheurs, même les plus humiliés, n'ont, presque jamais, laissé échapper la moindre plainte ; tant il est vrai, qu'il peut tout dire, le prêtre qui aime de tout son cœur ! Maintenant, mes Frères, que vous avez perdu la sainte victime qui expiait vos péchés, maintenant que la mort a paralysé la main qui retenait le bras de la justice de Dieu, maintenant qu'il n'est plus là pour reprendre et corriger, gardez-vous de pécher encore, autrement craignez les jugements de Dieu : ils seront d'autant plus redoutables que ses grâces auront été plus abondantes.

Mortifier son corps n'était pas l'unique but de ses austérités ; dans sa pensée, ce n'était qu'un moyen pour parvenir à la mortification de l'esprit et du cœur. Que ne m'est-il permis de tout dire ! Vous sauriez de quoi était capable cet homme que j'ai eu pendant sept ans pour ami, car le Ciel, qui n'avait fait que le montrer à tant d'autres, me l'avait donné tout entier. Que je serais coupable si je ne profitais pas d'une telle grâce ! Né vif, ardent, impétueux, il a fait pour se vaincre des efforts incroyables ! On ne sait combien de renoncements et de sacrifices lui a coûtés cette douce aménité de mœurs qui rendait sa société si attrayante. A quelles humiliations ne s'est-il pas condamné pour faire oublier, à ceux qu'il croyait avoir offensés, ces torts de caractère que l'on se pardonne si facilement ! Lorsque la nature, trompant la sévère vigilance qu'il exerçait sur lui-même, venait à l'entrainer, le moindre regard, le moindre signe d'un ami chargé de l'avertir, suffisait pour le rappeler à lui-même et faire couler de ses yeux de ces larmes que plusieurs d'entre nous ont aperçues, mais dont bien peu avaient le secret.

Qu'on ne dise pas que ces pieuses industries de la vertu sont de petites choses, je les trouve, moi, si grandes, qu'il n'est peut-être pas ici une seule personne qui se sente le courage d'en faire autant. Se vaincre soi-même est souvent plus difficile que de vaincre des armées entières, et, selon le mot du poète : Il est d'autres héros que ceux qui ravagent la terre.

De la mortification au dévouement, il n'y a qu'un pas, et ce pas notre ami sut le franchir résolûment. Reportons-nous par la pensée à 1849. Voici venir des extrémités du monde un des plus redoutables fléaux de Dieu, le choléra ; l'ange exterminateur a tiré sa redoutable épée ; il frappe à droite, il frappe à gauche ; déjà, dans cette petite paroisse, il a immolé 10 victimes ; 80 malades sont gisants dans leur lit, tous tremblent ; l'épouvante est partout. Une chose cependant rassure : le pasteur est là, plein de ce courage qu'inspire la pureté du cœur et le témoignage d'une bonne conscience ; il est là, bien décidé à donner, s'il le faut, sa vie pour son troupeau. Courir jour et nuit au chevet des malades, veiller sur eux avec la tendre sollicitude d'une mère, leur prodiguer les soins les plus affectueux, distribuer, avec les aumônes qui soulagent, les bonnes paroles qui sanctifient : telle fut, pendant toute la durée de l'épidémie, la vie de ce tendre ami du pauvre et du malheureux. Exténué de fatigue, les pieds tout ensanglantés, souvent il ne rentrait chez lui qu'au moment de célébrer le saint Sacrifice. Puis après s'être nourri du pain des forts, il reprenait le cours de ses visites, et ne s'arrêtait que lorsqu'il n'avait plus aucun malade à consoler.

Vous ne fûtes pas ingrats, mes Frères ; le conseil municipal, pénétré de reconnaissance pour tant de dévouement, lui vota des remerciments unanimes. Il a gardé précieusement dans ses papiers de famille le témoignage de votre gratitude.

Peu après, il reçut un honneur auquel ne pouvait échapper un homme d'un mérite aussi éminent : l'honneur de la calomnie. La main d'un enfant rebelle, qui s'en repentira toute sa vie, j'en suis sûr, osa essayer de traîner dans la fange la robe sacerdotale si pure et si belle de son curé. Disons-le cependant, le calomniateur sentit si bien l'indignité de sa conduite, qu'il eut soin de cacher sa honte sous le voile de l'anonyme. La vengeance cependant était facile, l'accusé pouvait fournir aux tribunaux moyen de faire prompte et bonne justice, il ne le voulut pas, il aima mieux se donner, par un pardon généreux, un trait de ressemblance de plus avec son divin Maître, il pleura, je dis plus, il aima, il bénit. Le reste de sa vie, ses prières les plus ferventes, ses mortifications les plus grandes furent pour son cher ennemi ; quelques heures avant sa mort, il faisait encore à Notre-Seigneur le sacrifice de sa vie pour lui. Pauvre brebis égarée ! vous êtes bienheureuse ! plus heureuse que ses enfants les plus dociles, plus heureuse que ses meilleurs amis, plus heureuse que sa sœur bien-aimée, vous avez reçu sa dernière bénédiction, et nous en avons été privés. Notre ami aurait pu dire de la mortification ce que Salomon disait de la sagesse : Tous les biens me sont venus avec elle. C'est que, voyez-vous, mes Frères, une fois que le glaive de la mortification a ouvert la porte d'une âme, toutes les vertus s'y précipitent les unes après les autres : la foi la plus vive, l'humilité la plus profonde, la charité la plus ardente, l'obéissance la plus parfaite; je vois entr'autres éclore et grandir avec une rapidité étonnante dans le cœur de votre bon curé une vertu plus rare encore même dans le monde chrétien que la mortification, l'amour de la pauvreté. Aimer les pauvres, ce n'était plus assez pour lui, il aimait la pauvreté même et il l'aimait à ce point qu'il nous a fallu user de toute l'autorité qu'il nous avait donnée sur lui pour l'empêcher de vendre une partie de ses meubles et de ses vêtements, si simples cependant qu'ils se rapprochent infiniment plus de la propreté que du luxe. Véritable disciple du Dieu crucifié, sa grande ambition était de ressembler à son Maître, de vivre et de mourir comme lui, pauvre et dépouillé de tout ; il ne se plaignait plus amèrement de rien que des obstacles que sa position mettait à l'accomplissement de ses désirs. Maintenant je ne vous étonnerai pas en vous disant qu'il ne rêvait plus que bonnes œuvres, aumônes ; chaque jour il retranchait, chaque jour il réformait, et tel était le zèle qui l'animait, que déjà il s'était assuré dans la personne de sa pieuse sœur, dont l'âme ardente le comprenait si bien, une fidèle complice de ses saintes prodigalités. Ils avaient formé entre eux une ligue de charité, qui tôt ou tard, malgré leur sagesse et leur discrétion, devait nécessairement aboutir à la ruine de l'un et de l'autre.

Il travaillait de si bon cœur à cette œuvre de dépouillement, qu'il n'a pas laissé à sa famille pour couvrir les frais des plus humbles funérailles et faire graver son nom sur la pierre de son tombeau. Voilà sans doute, mes Frères, ce qui vous faisait dire au jour de ses funérailles : Si Mattaincourt a son Bon Père, Dieu soit béni ! nous aurons aussi le nôtre. Fasse le Ciel que, cette fois encore, la voix du peuple soit la voix de Dieu... De si grandes vertus supposent de très-grandes grâces, et il en avait reçu en effet de si grandes, surtout dans le cours de cette année, qu'il ne pouvait y penser sans pleurer de joie et de reconnaissance. La rosée du Ciel n'était pas tombée en vain sur cette terre de bénédiction ; plus il recevait, plus il rendait. A voir l'ardeur toujours croissante avec laquelle il marchait, je ne pouvais me défendre de croire qu'il approchait de la patrie, et que sa course en ce monde allait finir. Tant et de si rapides progrès m'effrayaient à ce point, qu'un jour, dans une de nos promenades solitaires, je lui dis : Savez-vous ce qui me console le plus de votre départ pour Haroué ? c'est que je ne serai plus obligé de vous diriger. De toutes les âmes confiées à mes soins, la vôtre est sans contredit celle qui m'inquiète le moins et qui me tourmente le plus. Nous balbutiâmes encore quelques paroles, puis nous nous quittâmes sans mot dire.

Plus j'avance, plus je sens que la tâche que vous m'avez imposée, mes vénérés Confrères, est au dessus de mes forces. Vous m'avez donné à explorer une mine inépuisable, au fond de laquelle mon inhabileté laissera enfouis pour jamais de bien riches trésors d'édification. Il faut terminer, et je n'ai rien dit encore.

Rien dit de sa foi, parce que, à mon avis, c'est un petit mérite pour un prêtre d'avoir la foi. Au reste, je puis me taire, un regard que vous jetterez autour de vous vous en apprendra plus qu'un long discours ; à mon défaut, les pierres du sanctuaire, les murs du temple parleront et parleront mieux que moi.

Rien dit de cette humilité profonde que le moindre éloge faisait rougir, qui ne comprenait rien à l'estime qu'il excitait toujours et partout ; à ce prodigieux ascendant qu'il exerçait, à son insu, sur tous ses Confrères, et qui faisait que nous l'aimions tous comme un père, que nous l'écoutions comme un maître et que nous le craignions comme un juge.

Mais il est une chose que je ne passerai point sous silence, une chose qui exige tant de renoncement à ses goûts, commande tant de sacrifices, qu'elle suppose toujours, surtout dans un prêtre, une grande énergie de caractère et une force extraordinaire de volonté. Je veux dire le rare esprit d'ordre qui animait notre bien-aimé confrère. On aurait pu dire de lui : C'est une âme en ordre, qui met tout en ordre autour d'elle. Il savait que vivre d'ordre, c'est vivre de Dieu.

Je renonce à vous parler de ses talents oratoires, ou plutôt, de même que son peuple a fait d'un seul mot l'éloge de ses vertus, je veux faire aussi, moi, d'un seul mot, celui de sa rare capacité. Et que dirai-je donc ? Je dirai, mes vénérés Confrères, que vous l'avez admiré !... Vos honorables suffrages ont tant de prix à mes yeux, que je ne crois pas qu'il soit possible d'ajouter quelque chose de plus à sa louange.

Il se proposait d'employer au profit de nos paroisses les admirables dispositions que Dieu lui avait données pour le ministère de la parole ; son plan de campagne était arrêté, ses études préparées dans ce but. Deux mois avant sa mort, il avait fait son coup d'essai, et ce coup d'essai avait été un triomphe complet, digne d'envie des hommes les plus consommés dans l'art ; quelques heures de plus seulement, il ne laissait pas dans cette paroisse une seule âme qu'il n'eût réconciliée avec Dieu. Cette localité qui avait eu le bonheur d'entendre, quelques années auparavant, le grand convertisseur des bagnes, le mit d'une voix unanime au même rang que le célèbre Jésuite, et le nomma un second Père Lavigne. Dans la pensée de ce bon peuple, c'était le plus grand éloge possible de ses talents et de ses vertus.

Avant de terminer, descendons encore une fois, mes Frères, dans le cœur de votre Bon Père, nous le trouverons tout brûlant pour vous de l'amour le plus tendre. La science pourra peut-être prouver que je me trompe, mais je ne puis m'empêcher de croire que l'approche de cette séparation (1) aussi redoutée qu'elle était inévitable a hâté le moment de sa mort. Il en était si constamment, si péniblement occupé! La pensée de quitter sa chère paroisse, de se séparer d'un ami qu'il n'appelait plus que son père, tant était grande cette extrême bonté de cœur qui l'attachait à ma chétive personne, la vue de ces honneurs qui le poursuivaient d'autant plus qu'il les fuyait davantage, le tourmentaient tellement que la veille de sa mort, voyant les yeux de sa sœur bien-aimée tout mouillés de larmes, et comprenant bien quel en était le sujet, il lui tendit les bras, l'attira doucement sur son cœur, et la tenant étroitement embrassée, il lui dit avec un redoublement d'affection et de tendresse, c'était son dernier adieu : Console-toi, ma pauvre enfant, console-toi, nous n'irons pas à Haroué, nous resterons avec nos chers pauvres. Il disait vrai, mes Frères, le lendemain la mort vous le donnait tout entier et pour toujours.

S'il m'était permis d'emprunter les paroles du plus grand de nos orateurs chrétiens, je pourrais ici m'écrier comme lui : O nuit désastreuse! ô nuit effroyable !... où retentit tout-à-coup, comme un éclat de tonnerre, cette étonnante nouvelle : Il est mort!... Qui de nous ne se sentit frappé à ce coup, comme si quelqu'accident funeste eût désolé sa famille? on accourt de toutes parts, on trouve tout consterné, partout on entend des cris, partout on voit le deuil et l'image de la mort. Sa famille, sa paroisse, le pays tout entier est dans la désolation; en vain le serrions-nous étroitement dans nos bras, en vain essayions-nous de rappeler à nous son âme fugitive, nous ne tenions embrassé qu'un cadavre défiguré. Au milieu de cette immense douleur, une chose cependant nous a consolé : quoique le Fils de l'homme soit venu à l'heure à laquelle nous nous y attendions le moins, cependant il ne l'a pas surpris. Vienne, nous disait-il deux

(1) Il était nommé à la cure de Haroué.

jours auparavant, vienne la mort quand elle voudra, je suis prêt par la grâce de Dieu. Redoutant, comme s'il l'eût prévue, la catastrophe qui l'a enlevé de ce monde, et jeté, avec la rapidité de la foudre, au fond de l'éternité, tous les mois, il consacrait un jour à se préparer à ce terrible passage ; alors, c'était redoublement de ferveur, de prière et de mortification. Là, seul au pied de son crucifix, comme au pied du tribunal de son souverain Juge, il se rendait, ou plutôt il rendait à Dieu un compte fidèle du bien et du mal qu'il avait fait. Puis plein d'amour et de reconnaissance du délai que lui accordait la miséricorde divine, il revenait au travail avec l'ardeur de l'aigle qui a renouvelé sa jeunesse. Le 18 février il terminait ces pieux exercices et le 22 il était mort. Maintenant tout est fini pour lui.

Il est là, mes Frères, il est là, au milieu de vos morts et pour toujours ; sa cendre se mêlera à votre cendre, sa poussière à votre poussière, de sorte qu'il vous sera plus uni encore par sa mort qu'il ne l'a été pendant sa vie. Si je ne me trompe, je l'entends s'agiter dans son cercueil, sa voix, ce me semble, nous appelle : Venez, mes amis, venez tous vous ranger autour de cette tombe que vous m'avez creusée et que tous les jours vous arrosez de vos larmes, venez, écartez le suaire qui me dérobe à vos regards ; approchez je veux vous parler cœur à cœur ; prêtez, mes enfants, une oreille attentive aux leçons des morts et ne les oubliez jamais. Vous le voyez, toute chair n'est qu'une paille, sa gloire n'est qu'une fleur ; un jour ou l'autre, la paille se dessèche, la fleur tombe et le passant la foule aux pieds, *sic transit gloria mundi*. Science, richesses, talents, honneurs, plaisirs, tout ici-bas n'est que vanité excepté aimer Dieu et le servir. Que m'importerait maintenant d'avoir été savant, honoré, heureux, estimé, si j'avais perdu mon âme ? Que vous servira à vous-mêmes le monde entier si vous perdez la vôtre ? O mes enfants bien-aimés, cessez donc, cessez de faire le mal et commencez à faire le bien. Renoncez, jeunes gens, à ces divertissements scandaleux qui sont la perte d'un grand nombre d'entre vous ; fuyez ces honteuses écoles de vice dont on ne sort jamais sans avoir perdu quelque chose de sa foi et de son innocence. Pécheurs, hâtez-vous de quitter vos égarements et de rentrer dans la voie qui conduit à la vie. Ne l'oubliez pas, il est terrible de tomber entre les mains du Dieu vivant. Et vous, mes Frères, vous que le Ciel a plus aimés que tant d'autres, vous a qui il a été donné de comprendre ce qu'ils n'ont pas compris, conservez fidèlement le dépôt que je vous ai confié. Travaillez sans relâche à l'affaire importante de votre salut ; le temps fuit, l'éternité approche, laissez là le monde, laissez-là ses richesses, laissez là ses honneurs, laissez là ses plaisirs. Qu'est-ce que tout cela en comparaison de l'éternité ? Mes chers petits enfants, si vous voulez me réjouir dans ma tombe et me dédommager de toutes les peines que j'ai endurées pour vous enfanter à Jésus-Christ, aimez-vous toujours les uns les autres comme je vous ai aimés, soyez mes imitateurs, comme je l'ai été moi-même de Jésus-Christ. Je m'en vais, vous ne me verrez plus, vous ne m'entendrez plus. Ne pleurez pas cependant, il vous est utile que je m'en aille. Dans le ciel je prierai pour vous avec plus de ferveur encore que sur la terre. J'intercéderai pour vous auprès de Marie, notre sainte Mère, je serai plus près de son cœur si pur, il me sera plus facile de le toucher.

Adieu donc, chers et bien-aimés paroissiens, rendez-vous dignes de la demeure que je vais vous préparer. Adieu, mes enfants, recevez, avec la bénédiction de celui qui n'a jamais eu d'autre ambition que celle de vivre et de mourir pour vous, la bénédiction du Père qui vous a créés, du Fils qui vous a rachetés, du Saint-Esprit qui vous a sanctifiés. Amen, Amen...